KOALL

Koall Verlag

W0213828

Bibliografische Information der Deutschen Bibliothek
Die Deutsche Bibliothek verzeichnet diese Publikation in der Deutschen Nationalbibliografie; detaillierte bibliografische Daten sind im Internet über http://dnb.ddb.de abrufbar.

1. Auflage, Mai 2006
© der Texte: Stan Lafleur
Gestaltung: Sandra Fehr
www.sandrafehr.de
Koall Verlag, Berlin 2006
www.koall-verlag.de
ISBN 3-938436-03-4

Stan Lafleur

die welt auf dem fusz

Fußballgedichte mit Halbzeitpause

Koall Verlag

AUFSTELLUNG

1. HALBZEIT

PAUSE

2. HALBZEIT

VERLÄNGERUNG

AUFSTELLUNG

1. HALBZEIT

PAUSE

2. HALBZEIT

VERLÄNGERUNG

flanke, manni!

flanke, manni! der horst hatte das schon lang geahnt, dasz der kaltz da mal wieder an der seite vorbei kommen mueszte, warn ja bereits einige minuten verstrichen seit dem letzten mal. & tatsaechlich: kaum dasz er nach rechts auszen schrie kam die flanke bananenfoermig & paszgenau auf seinen knautsch-schaedel zugeflogen, von dem sie dann irgendwie an die latte prallte

ailton

seit ihn als kind ein pferdehuf traf
lag sein kinn auf die brust gerutscht
als kimme fuer seine sprints, die er

wie eine mit drall gespielte kugel
beim kunststoszbillard anzog, die
leuchtspuren seines trikots sanken

langsam auf den rasen, als die fans
laengst ausgelassen ihre feisten
bockwuerste schwenkten: angriff

um angriff verlief in heisenbergscher
unschaerfe: ailton war wo der ball
wo ailton war, nur schneller & kaum

aufspuerbar jagte ihn sein instinkt
aus unbestimmten anfangslagen bis
mitten in die wahl zum tor des monats

roy makaay

einen wie ihn hatten wir nie zuvor gesehen
wie er mit haengender kinnlade einsam
in der weite des platzes herumtrabte, seine
dunklen augen hafteten auf einer vision

des balles, der als steilpass aus der ferne
seine unorthodoxe wanderung kreuzen, seinen
laufweg ein stueckweit begleiten wuerde
bevor er dann abzog, mit geschmierten hebeln

& einer mordseffizienz. ob mit dem kopf, mit
links oder rechts: stets suchte das geschosz
einen der vier winkel, mied den torhueter
wie der teufel das weihwasser an sonntagen

& der stets freundliche schlacks begann
zu jubeln, spitze kuppeln seine weiszen knie
wie sie aus dem ewigen gruen des rasens
ragten, aus den marschen der niederlande

miroslav klose

seine ersten wm-tore schosz er noch
aus einem pfaelzischen bezirksliga-
match heraus: wo sich die maedels

kichernd ueber den schuechternen
jungen unterhielten, der nach jedem
treffer einen angewinkelten salto

sprang. die eigenen spruenge nicht
begreifend waehlte er den direkten
weg zwischen zwei verteidigern, die

vom blitz seiner raschen aktion
geblendet stirn an stirn aufeinander
prallten: alter grusz der verdutzten

kevin kuranyi

im gewimmel zwischen spielfeldlinien traegt
er seinen modebart den wir fixieren wie die
embleme der autofirmen im wochenendstau
ebenso pfauenhaft zur schau wie das haspeln
& lispeln stotternder motoren, lizenzbauten
aus ungarn, brasilien oder panama, stolze
bastarde des weltmarktfuehrers. corporate
design heiszt das zauberwort beim interview
nach der auswechslung. weil er ja auch nicht
weisz wie das alles passieren konnte. dick
eingemummelt in die uebergrosze trainings-
jacke mit dem aufdruck des mutterkonzerns

jung-hwan ahn

er war einer von denen, die rannten. die
wie irre rannten. wir kannten das kaum
die rannten & wetzten. die stuerzten wie

losgelassne insekten, wie so'n schwarm
mit leicht ueberpeilter, schwer uebereilter
navigation uebers feld. die seitenlinien

hielten sie kaum im zaum. die rannten als
gaeb es dafuer geld. viel geld. die rannten
& sahn sich sehr aehnlich. er hiesz ahn

man wuszte nicht, was die konnten, man
dachte: die geben nie auf, ham aber auch
nix drauf. die rennen blosz an & das wars

da is nix mit schieszen & koepfen. doch
ahn stieg hoch & nickte ein. wie in nem
grellen traum. im sekundenschlaf. sein

kopfball brach italien das genick. das
war natuerlich landesverrat. sie ham ihn
aus perugia weggeschickt. das war ihm

egal. er rannte weiter. das rennen war er
von haus aus gewohnt. dort wo er herkam
rannten sie notfalls bis weit hinter den mond

marek mintal

abstand halten war seine devise. & wie von
postboten verteilte werbeschreiben rappelten
seine treffer meist nutzlos in den kaesten der

bundesliga. da war es kaum erstaunlich, dasz
kein verteidiger sich jemals um ihn kuemmerte
unzustaendig hiesz es allenthalben. grad wie

in den besten scherzen ueber die deutsche
beamtenschaft. die reporter jedoch fanden
in ihm ein scheues adoptivkind, bliesen den

blassen slowaken auf zum fantom der saison:
fadenscheinig schlich er aus dem mittelfeld
richtung strafraum, wo er schlank & zielsicher

wie ein spieszgeselle robin hoods die droege
routine des treffens erledigte, jedes tor ein
stiller protest gegen die widrigkeiten des alltags

lucio

dasz jetzt doch mal was passieren muesse
dachte er, waehrend er mit schritten, durch
die man das gesamte feld erblicken konnte

schnurstracks uebern rasen raste, ganz
wie eine dieser langgliedrigen jagdspinnen
zwanzig, vierzig, sechzig, achtzig meter

trieb er den ball voran wie ein krankes opfer
(die uebrigen spieler schauten unterdessen
kurz mal nach statistenrollen) als er mit

einem pendelschwung seines hintersten
beines dem ball die noetige wucht verpaszte
endlich im tor einzuschlagen & mit zum

jubel weit ueber den kopf ausgestreckten
armen, ohne das tempo zu mindern, mit
raumgreifenden gliederfueszerschritten

an exakt jene stelle zuruecksprintete, von
der er gekommen war, die zuschauerblicke
tief eingepraegt in seinem steifen nacken

roberto carlos

als roberto carlos eines morgens erwachte
fand er zu seiner verblueffung statt der
gewohnten nun pferdeschenkel an seine
hueften geschraubt, die in den zierlichen

fueszen einer prinzessin muendeten wie
es sie nur noch in zeichentrickfilmen gibt:
er rasierte seinen schaedel & konvertierte
zum moench auf der linken auszenbahn

stolzierte mit dem gebaren eines leicht
ueberdrehten mutanten in koeniglichen
klamotten ueber das gruen der stadien
der welt den puren schusz zu predigen

das rare unwiderrufliche glueck, das allen
naturgeschenken entspringt, nur um mit
faunischem triumf die herzen der massen
zu erobern, die gottes zeche begleichen

marc wilmots

er schuftete wie ein pferd. er war ja landwirt
& hatte's nich anders gelernt. der rannte von
morgens frueh um sechs, bis es dunkel wurd

zwischenrein immer wieder nen spurt & im
spiel strengte er sich erst richtig an. trieb den
ball mit der peitsche voran, das kampfschwein

der bullige belgier, immer bereit, den letzten
schweisztropfen zu begleichen. notfalls auch
mehr. der wuchtete auf dem feld hin & her

wie'n frisch auf die ewigkeit losgelassener
fuer den ein wort noch was gilt. & deswegen
jeden drecksparagraf seines vertrags erfuellt

sheva

aus der fremde des ostens, flink wie ein
wiesel, scheu wie ein reh, baute er dem
ball heimelige nester hinter den ruecken
der torhueter, traditionelles kunstwerken

weltweit exportiert. mit leichtem staunen
sahen wir seine fadenscheinige gestalt
durchs unterholz huschen um zweige zu
sammeln fuer das immergleiche tagwerk

& seiner menschenscheu zu froenen in
einem vakuum schien er sich aufzuhalten
einer zeitblase, leicht angegilbt & darum
fuer wertsteigernd erachtet von seinem

praesidenten, der gern zu jedem anlasz
diese schneekugel hervorzog, in der er
ihn hielt, wo man ihn leichtfueszig durch
die landschaft stapfen sah beim nestbau

juergen klopp

anstelle des herzens schlug seit
geraumer zeit ein fuszball in seiner
brust, einer von der alten machart
rindsleder genaeht auf schweinsblase

er selbst steckte ja fest gefangen in
kindlich-offener gestik, der huelle
einer dieser schraegen puppen aus
der muppet-show, dieweil sie sein

wahres herz uebern rasen kickten:
blutspur, die sich im daemmerlicht
stilvoll erstuermter niederlagen verlor
voellig untauglich fuer den organhandel

bumperte dieser ball froschbackig in
seinem brustkorb: durchs ganze land
wehender geist einer feier offensiven
kurzpaszkarnevals ueber den spieltagen

lienens verzettelter traum

ich musz ihnen gestehen, die zettel
wachsen mir allmaehlich uebern kopf
rutschte es ihm raus, beim interview

nachdem sie den sensationsfund
lang & breit in der oeffentlichkeit platt
gewalzt hatten: ein ausrisz seiner

geheimnotizen waehrend der saison
den ein nachbar muehselig wieder
zusammengepuzzelt, nachdem er ihn

aus der hausmuelltonne fuer altpapier
gefischt hatte & in monatelanger arbeit
die vorsorglich geschredderte mitschrift

entschluesselt wie jene neugierigen
weisen ueber den rollen von qumran:
8. minute, wir fuehren 1:0. sehr gut!

frank lampard

frank lampard, dessen vater der alte frank lampard war wie auch seine drei brueder, ein aelterer, zwei juengere allesamt frank lampard hieszen, besagter frank lampard war ein fuszballspieler der extraklasse, weit besser noch als sein vater frank lampard, der ebenfalls mit dem ball umzugehen verstand wie auch frank lampards drei gleichnamige brueder dies prima familientalent geerbt hatten doch keiner von ihnen brachte es im fuszball soweit wie frank lampard selbst. er verdichtete das mittelfeld zu undurchdringlicher materie & knallte, falls noetig oder nur mal so zum spasz, den ball persoenlich in die maschen waehrend sein vateé & seine brueder zusammen mit einigen anderen, die gleichfalls von hause aus seit jeher frank lampard hieszen das spiel frank lampards im pub verfolgten, bejubelten & in duennem lagerbier loesten

éric cantona

er war weise. & auch franzose. er las
rimbaud. wenn es nicht passen konnte
doch paszte: waren das seine paesse

von schwankendem niveau. das dem
der umgebung angepaszt oszillierte
mal brillierte er, mal machte er sachen

dumm wie stroh. & dozierte. alles zum
verstaendnis der welt steht haarklein im
buch cantona. schwachsinn & brillanz:

beides kommt schlieszlich ganz gut an
sein axiom wird nur zu selten bedacht:
wo die moewen dem kutter folgen, ein

groszes gleichnis vor dem herrn, liegt
es daran, dasz sie glauben, dasz vom
kutter sardinen ins meer geworfen wern

ronaldinho

aus einer sambaschule ausgebrochen
schwirrte er, unterbrochen von kleinen
verbeugungen, den applaus der raenge
zu kassieren, durch die fangstricke

ruppiger abwehrspezialisten, kakao- &
zimtgesalbt, gebenedeiter juengling aus
den unruhegebieten der spielaesthetik:
wie er mit gebieterischen tanzschritten

gesteigert zu unerbittlicher rasanz
dem ball die schwierigsten uebungen
befahl & ihren erfolg begriente, als
haette er vor aller augen das erdenrund

dressiert, das nun, von seinem willen
gesteuert, durchs weltall schosz, zur
gaudi jener eng mit ihm befreundeten
goetter, die laessig ihre daumen reckten

zinemagie

wir tauchten unterhalb der schuesse
mit verzweifelter eleganz. kampf hiesz es
unsre ceran-felder sprangen an & dann

schenkelten wir, beinten & kappten. du
kochtest mir eine suppe aus dem schweisz
von zinedine zidane. moose am horizont

schoen zu betrachten: fast wie in stutzen
bezaehmtes wadenhaar, feuchter flaum
wir beschworen all unsre fanclubs. denn

dieses spiel durfte niemals zuende gehen
weswegen wir proteine nahmen. das salz
lutschten aus den traenen unserer gegner

unter der grasnarbe, von einem fuellenden
flutlicht in fluechtende mehrfachschatten
verzerrt, auf dem platz reifte laengst getreide

wir irrten durchs ueppige korn. kein feind
mehr in sicht. & blind traeumten wir beide
von zinedine zidane auf einer augenweide

rené higuita

bisweilen zogen seine nebenleute ihn
gerade noch an den locken aus den
abenteuerlichsten suempfen des felds

(wenn er wieder einen seiner picknick-
ausfluege ankuendigte, machten sie
im vorhinein die sicherheitsleinen klar)

einmal verirrte er sich sogar bis jenseits
von afrika. dort tanzten sie, als sie ihn
kommen sahen, zur begrueszung an

der eckfahne samba. in schraeglagen
folgte er einfach den weiszen linien, die
ihn durch alle sackgassen leiteten. die

galerie, fuer die er spielte, zeigt noch
heute das video mit dem skorpiontrick:
wie er hals ueber kopf unterm ball

durchtaucht &, mit einem breiten grinsen
unter der discoperuecke, ihn mit beiden
hacken von der linie bis ins weltall drischt

roger milla

auf einem staubigen platz mit drei ecken
den ein magier geweiht hatte, bevor die
straszen yaoundés ihn ueberrollten, lernte
er den deal mit ballaehnlichen objekten

den zuhaelterischen umgang mit seinem
spielgeraet: gehorche! tu was ich sage!
wenn du's richtig machst zeig ich dir was
schoenes! den makossa-tanz mit fahne!

er rupfte ein huehnchen, opferte unter
gemurmel eine flasche trockenen schnaps
&, wie unter drogen, gehorchte der ball
dem unbezaehmbaren loewen, ob er auf

jagd ging, oder sich in schattigen nischen
des feldes luft zufaechelte, bis ins alter
& noch heute singen sie lieder vom greis
aus dem staub yaoundés, der den donner

in den ball zwingen konnte, der zu ihm
hielt wie du keine frau findest, wenn es
drauf ankommt, singen sie, klatschen
& tanzen makossa sogar im supermarkt

ode an michael harforth

zunaechst warn da der radius des anstoszkreises
& dein auch zu spielende stets waschmaschinen-
reines trikot, als gaeb es kein wetter in unseren

breiten. & weiter als zehn meter am stueck sahn
wir dich ohne ball nie laufen. das warn die zeiten
in denen manni krafft dir uwe dittus vorzog, dittus

der porsche fuhr & drei mann im eignen strafraum
ausspielte & dem sie eine grosze laufbahn weis-
sagten. heute weisz keiner wohin er verschwand

du lieszt dir aus trotz einen schnaeuzer stehn &
dein schulterlanges haar: sogar dein spiel aehnelte
dem von bernd schuster. halt doch dei lapp, dei

dreggige, du bruddler, sausack, elendiger! warn
deine worte an die rentner, die dich beim training
kritisierten: warts ab, sonschd komm i naa & setz

der der kopf zwischerd ohre gucksch di ned emol
um haer &s glied fehlt. da wuszten wir: auszerhalb
der stadt waerst du verloren & begannen dich zu

lieben, worauf du zu rennen begannst. doch leider
gabs in karlsruhe kaum leute, die deine paesse
kapierten. wir sahn, wie du darunter littest, genau

wie wir, in der stadt, bier um bier. das warn deine
besten jahre. du warst kapitaen. in deinem cranum
nistete & sang wie ein lieblicher stieglitz ein kleines

ungebaendigtes genie. wir sahn dich, erfolgreich
beim tackling. du wiest dem ball seinen platz an
du warst der zentrale mann. & als sie dich nach

deinem gehaltswunsch fragten, sagtest du nur
gebt mer halt grad soviel wie der matthaeus
vertelefoniert. des langt fuer e anstaendigs lebe

bernd schuster

genau wie mein nachbar, der miszliebig
seinen pinscher durchn park zerrt
trabte er durch die konspirativen
wohngegenden des defensiven mittelfelds

engel mit schnauzbart & so nem hals
auf das uninspirierte gestochere
seiner zurueckgebliebenen kameraden
den flegeln, die den lauf seiner paesse

nicht zu lesen vermochten, bis es ihm
reichte: er das leder zu sich herbefahl
aus sechzig metern abzog, flugschau
fuer fortgeschrittene, & noch bevor

der ball im netz einschlug zufrieden
auf den rasen rotzte, den wir nachts
aus dem stadion stahlen, ihn dem park
einzupflanzen, den mein nachbar so liebt

diego maradona

wenn er anfing zu tricksen, oeffneten
& schlossen sie ihre muender zu ahs
& ohs, wie baelle geformt, die sich auf

ihn zurundeten im laufe des spiels als
waeren sie heimliche vertraute aus
einer ganz anderen welt. sie brachten

ihm ruhm, geld, blondinen & kokain &
der kleine kerl ging auf wanderschaft
sein koennen all jenen zu zeigen, die

mit ihm einig waren, dasz es nichts
schoeneres gab, als mitten im match
einen freistosz zu schieszen, der wie

ein bumerang auf seinen fusz zurueck
flog bevor er ihn mit raffinesse ueber
den bedauernswerten torwart hob

sogar im schlaf jongliere er noch mit
baellen hiesz es, heimlich unter der
bettdecke, wie damals schon als kind

stefan effenberg

er schosz aus allen lagen mit der luft-
pistole auf tueren, spiegel, kommoden
im mannschaftshotel, frueher meister

am mittelfinger, herr der handgreiflich
waltenden, als er einen penner aus
der eiseskaelte seines vorgartens barg

ihm das leben rettete, solang graetschte
bruellte & schosz, bis es vollbracht war
& er das tigerfell tragen durfte als signet

seiner macht, den koeniglichen mantel
aus geraspeltem gras, den er einmal pro
saison zur speisung der armen hergab

matthias sammer

abends, beim musikantenstadl, zuendete er
sich seinen schaedel beim haarschopf an
auf diese art fielen ihm die besten taktiken
& mannschaftsaufstellungen ein, die er

sofort in sein poesiealbum schrieb. wo er
herkam, sachsen, war klar, dasz er eine
affinitaet zu schwaben besitzen wuerde, zu
westfalen: drei staemme deutscher abkunft

die wir ja gern ans ausland verschenken
wuerden, braeuchten wir nicht hin & wieder
jemand, der zu logischen gedanken in der
lage ist & noch dazu den dreck wegraeumt

mario basler

aehnlich gut wie am ball hielt er sich
in der halbliterklasse. was unerwartet
geschah, samstagnachmittags, hatte

er bereits unter der woche ausgeheckt
verkatert, das waren seine staerksten
momente (da hatte er seine eingaben)

& mit filzstift auf die notizwand gemalt
(damit er blosz nichts davon vergasz)
darunter supermario als signatur. zum

beispiel dieses eine unmotivierte ding:
tor aus vierzig metern von der auslinie
wie mit links wirkte das. doch mit links

ging er nur zum geldholen & lief dabei
in einer stunde so weit, dachte er, wie
so'n buerohengst pro kalenderwoche

wolfram wuttke

sein unsteter geist bei der arbeit, wie er die
klassengrenzen verschob & an der wand
zerquetschte: das kam weder den kollegen

noch den bossen sonderlich zupasz. daher
& auch wegen seiner verwachsenen beine
lieszen sie ihn am feldrand dribbeln, wo er

sich frueh wundlief & den blues bekam: das
gottverdammte fuszballleben des wolfram w.
& nicht anders wuerde er seine autobiografie

betiteln, drunter bekaemen sie es nicht. bis
dahin raechte er sich damit, den trainern ins
bett zu pissen & seinen sohn in der umkleide

vor all den dummen leuten zu warnen, mit
denen er tagaus tagein zu schaffen hatte. &
wenn alles nichts half, verarschte er sie eben

nach strich & faden mit dem auszenrist, den
unbegreiflichen kruemmungen seines spiels
wahn-inspiriert & viel zu geil fuer diese welt

lothar matthaeus

aus dem weg! schrie er, nachdem
er zuvor heimlich, in einem fuenf-
minuten-paeuschen im hinterland

der abwehr, gleich drei kraftriegel
nacheinander weggefuttert hatte:
aus dem weg! zu tode erschrocken

sprangen freund & feind aus der
bahn, die er wie eine dampframme
planierte, der rasen brauchte ein

halbes jahr zur erholung. stolz wie
oskar plauderte er nach solchen
taten noch stundenlang aus dem

naehkaestchen: wie er auf die idee
kam, einfach loszurennen, genial
die groszen sind eben rar gestreut

juergen klinsmann

wenn traeume wie es heiszt bluterguesse
der seele sind, so traeumte er mit den
schenkeln. selbst wo er desoefteren im
strafraum stand wie das maennlein in
der sosze (was ham wir ihn nicht schon
alles versemmeln sehn) verausgabte er
sich stets als fuehre ihn jeder pass, jede
flanke auf direktem weg ins paradies, das
er, befluegelt vom adler auf seiner brust
(& der taucherlizenz in der gesaesztasche)
leicht schwaebelnd & laechelnd erreichen
wuerde, in einem nie dagewesenen blitzlicht-
gewitter die wahrheit ueber deutschland zu
kuenden: des hier isch nicht dr eingang
zur hoellee. mit e bissle obdimissmuss-
schulee woerdet ihr des au verschtaehn

george best

wann denn alles anfing so unmenschlich
schiefzugehn, fragte der etagenkellner in
diesem plueschhotel, in dem er entspannte

mit ein paar pullen jahrgangschampagner
zwanzigtausend pfund in bar aufm plumeau
& drunter die amtierende miss universum

auch beim schlagen hatte er die haken auf
dem feld bereits gegen frauen getauscht &
trank, kaum war die op ueberwunden, auf

seine zweitleber. was soll schiefgegangen
sein, nichts ist schiefgegangen, antwortete er
& zirkelte seine paesse, kopfschuettelnd vor

so viel falschem mitleid, je nach pegel ins
aus oder zu den begeisterten fluegelspitzen
seiner kameraden von der knastmannschaft

oleg blochin

sie trainierten sogar seinen augendruck. wollten
nichts dem zufall ueberlassen. & mit geeichtem
visier & reichlich borschtsch im blut (rote beete

wuszten damals alle im osten, wirkte staerker
als jedes synthetische amfetamin) preschte
er ueber den linken fluegel, siebzig achtzig

meter, kein problem, im training erledigte er
dieselbe distanz mit ruebensaecken auf dem
buckel. nun, im spiel, liesz er alle stehen. erst

als er im strafraum anlangte, fragte er die
verbliebene abwehr hoeflich, so wie es in den
benimmstunden gelehrt wurde, in welche ecke

sie den schusz denn gern plaziert haetten &
als er, weil die kein russisch verstanden, keine
antwort erhielt, tanzte er, bevor er sich fuer

einen gut aussehenden abschlusz entschied
noch ein biszchen kasatschok durch die reihen
die kein biszchen begriffen, was eigentlich vorfiel

zwoelf kugeln fuer andrés escobar

es ging um weit mehr als nur leben & tod
mit den waffen des koerpers schufen sie
konkrete gemaelde aus muskeln & fleisch

wilde piktogramme des wundstarrkrampfs
auf basis reinen karibischen lichts, in dem
sie gediehen, diese seltsamen unterarten

mit angewachsenen sonnenbrillen, kleine
killer, die fuer ein paar huebsche scheine
die wuensche der bosse erledigten, nachts

zwoelf kugeln loesten sich aus dem lauf
& machten sich auf die suche nach ihm
bis sie ihn fanden, vor einer discothek im

morgengrauen. zwoelf kugeln, die er klar
hatte kommen sehn, als der unbestechliche
ball von seinem fusz ins falsche tor sprang

zwoelf kugeln fuer andrés escobar, hiesz es
zur stoszzeit der schlagzeilen, zwoelf kugeln
die ein gemaelde schufen, exklusiv fuer uns

um unser staunen im lot zu belassen ueber
den wahnsinn, der die andern niederstreckt
delikat zurechtgeschustert auf den titelseiten

justin fashanu

er sah aus wie ne fantasie aus futuristischem
material. jung, schwarz & huebsch. kostete ne
million pfund. das hatte's noch nie gegeben

solch eine summe fuer einen neger aus dem
heim. konjunkturspritze fuer den handel mit
helden & deren recyclingfaehigem schicksal

die rotationsmaschinen liefen sich warm. wo
kaufst du dein brot? fragte sein trainer. na in
der baeckerei. & deine lammhaxen, wo kaufst

du die? beim metzger, wuerd ich mal sagen
ganz normal! also hoer endlich auf in diese
schwulenbars zu rennen, scheiszschwuchtel!

das hatte er schon geahnt. es wuerde nicht
gutgehn. das tor stand in einer anderen welt
& als er, das visum dafuer zu erlangen, den

christen beitrat, geiszelten die seine seele
minutioes fuer jeden gleichgeschlechtlichen
akt. ein strick wand sich langsam um seinen

hals & er ging damit an die presse: leute, es
ist wie es ist. da wandten sich selbst seine
brueder mit saetzen & entsetzen ab: schaut

sie euch an, die prinzessin! jammert rum &
schadet dem volk. er plapperte dann in den
talkshows. das war vom volk schon gewollt

césar menotti

ich sah ihn auf einem rohbau stehn
ein hochbau, die duennen haare im
wind & waehrend er sein gesicht von

all den sonnen gerben liesz, die es
je ueber die raender beider horizonte
den des geistes & den des herzens

schafften, murmelte er: ein tor soll in
seiner essenz nur ein weiterer pass
ins netz sein. den duerren nannten

sie ihn, el flaco & er verlangte seinen
spielern das begreifen ihrer existenz
innerhalb jener zeitgeschichtlichen

spanne ab, die sie geduldig traten
auf dem rasen. dasz fuszball ein fest
sei, den goettern zu opfern, paukte er

ihnen bei einem glas roten ein, abends
am strand & mengte seine worte dem
meer, wohlwissend dasz die groszen

haendler der welt selbst dessen fluten
laengst unter sich aufgeteit hatten, wie
all diese traeume & visionen, die sie

sich zwar reinzogen, mit denen sie
aber nichts recht anzufangen wuszten
weil ihnen jede poetische ader fehlte

auf einem rohbau stand er, voegel
stieszen aus seinem langen haar in
die luft & schweigsam folgte er mit

dem blick einem flatterball, der aus
den siebzigern in die moderne flog
mit der schoenheit alles verlorenen

ricardo la volpe

dasz sein name auf deutsch die moese
bedeutet, mutmaszten wir, nachdem die
reporter jede uebersetzung verweigerten

wie er dastand, an der auslinie, mit diesem
bedrohlichen schnaeuz, haette er blendend
in jede butzenscheibenkneipe gepaszt, als

grantelnder schwaadlappen, die kippen auf
kette, wie er die reporter anranzte waehrend
nacht fuer nacht seine spieler verschwanden

um die elixiere fuer ihr aufreibendes dasein
aufzutreiben, diese mittelchen, die es nur
im dunkeln & mit gefaelschten papieren gab

sepp maier

aus allen winkeln flogen die baelle
auf sein beruehmtes tor & wenn er
sie dann anstatt zu fausten sicher fing
verwandelten sie sich in gewoehnliche

enten mit denen er ein wenig rumquakte
zum spasz, bevor er sie freigiebig in
alle winkel des stadions entliesz, wo
sie sich wieder in baelle verwandelten

er war ein guter freund der gaukelei
top-akrobat in seinem trapez aus
pfosten, netz & strafraumlinien, das er
beherrschte wie einen hofstaat voller

narren. bei jeder meisterfeier kippte
er sich zwei liter bier parallel in die ohren
um sie den reportern entgegenzuspeien
als beispielhaftes denkmal seiner selbst

gerd mueller

einer musz immer in die mitte & der soll
den ball am besten einfach reinhauen

das reden hatte er, weil er selbst alle
sprachlos machte, bereits in den jugend-
ligen verlernt. ueberall explodierten
seine schuesse & bomben, er hinterliesz

verwuestete abwehrformationen, taubes
personal, gestandene maenner auf der
suche nach dem eigenen schaedel, es
rappelte nur so in den kartons, das zog

sich & zog sich & vor freude sprang der
dicke kleine bursch bei jedem knall wie
eine rakete in die luft. sie sparten fuer
ihn auf jedes tor ein weiszbier, es wuerde

leicht fuer zwei renten reichen, die er im
noerdlinger krater vernichten wollte wie
ein meteoriteneinschlag von ersten wort-
aeuszerungen begleitet: ja, danke, prost

paul breitner

fuer mich ist paul breitner nicht gestorben –
aber nur, weil er noch lebt (helmut schoen)

mit dem spaeteren papst verwandt, spiegelverkehrt
im jaegermeister-dress aus der mao-bibel zitierend
den afro liesz er im kohlenkeller wuchern, als er sich
vor den feldjaegern versteckte, um dann auf seine
oberlehrerhafte art weltmeister zu werden, fuer immer
zu bleiben, als der profet in seinem eigenen land, der
nation die leviten zu lesen, leviten, die sonst keiner las
wie ein aus trotz zu fusz marschierender kavallerist
hammel mit zu kurz gezogenen beinen & einer spitzen
feder, mit der er drei kreuze im feindesland hinterliesz

guenter netzer

guenter netzer hat gesagt
ist doch alles kokolores: elf
freunde seid ihr schon mal

nicht &s reicht wenn ihr elf
profis seid – strich sich die
geometrie seines schopfs

mit vaseline nach, ganz &
gar erfuellt von seltsam
aerodynamischen ideen

die sie ihm zuschrieben
stieg er in seinen ferrari
den er fuer alle anderen

unauffindbar in seinen
gedanken, der beruehmten
tiefe des raums geparkt hatte

ente lippens: wiederholung

komm zurueck, wir machen dat ganze
nomma, rief er den drei jungen huepfern
von der kreisauswahl zu, die er gerade

nach strich & faden ausgedribbelt hatte
waehrend eines dieser prominentenspiele
ein paar jaehrchen nach karriereende

stan libuda

rechts angetaeuscht & links vorbeigegangen
selbst gott war spaeter machtlos gegen diesen
alten trick, den er als junge auf dem bolzplatz
an der schluse taeglich uebte, bis schwindel

ihn befiel, weil alle kumpels reglos blieben
wenn er den weg zum tor mit seinen beinen
aufkurbelte, in sich verdrehte & verzwurbelte
danach kam der skandal. danach der tabak-

laden. danach ging er vor journalisten auf die
knie. danach ist er nochmal an gott vorbei
gegangen. & einer hat posthum ne website
fuer ihn aufgebaut, von der er jetzt modern

zurechtgepixelt aus einer position die kaum
bestimmbar zwischen vielem schwebt zurueck
auf dieses krude abgefuckte leben mit seinen
flankenwechseln & den neuen helden schaut

hans tilkowski

zur welt kam er in einer zechen-kolonie
in dortmund-husen. der schwarze til
der schwarze panther, kohlenschwarz

er ging nach herne um dort baelle aus
der luft zu holen. das klappte ziemlich
gut, doch bundes-sepp & flieger fahrian

ham ihm dann die show gestohlen, anno
zwo&sechzich, das war hart. abreisen
wollt er & es ging kein flieger. so sasz

er eben dumm in chile rum. westfaelisch
stur. & sprach mit herberger kein wort
es wuerden andre zeiten kommen. & es

gab noch viele tore zu kassieren. das
stand fest wie er mit beiden beinen auf
dem kohlenboden stand. mit dortmund

zeigte er dem ganzen land, was man mit
bergmannslungen leisten kann. cup auf
cup gewann er fuer den kuechenschrank

& sprang in wembley unterm ball durch bis
der von der linie sprang ins loch der zeit
aus dem ein leises lied voll wehmut klang

altes foto von lew jaschin

lew jaschin, im flug, wie eine schwalbe
die schiebermuetze weich in seiner stirn
sinnbild russischer flugtechnik, vereint
mit der aesthetik sozialistischen realismus

lew jaschin, als finge er den globus ein
um ihn zu betrachten, sekundenlang
die erkenntnis unterbrochen vom pfiff
des referees: the show must go on

matthias sindelar

sie machten gedichte ueber ihn, nannten
ihn den papierenen taenzer & papiern war
nicht nur sein wesen, umspannt von fast

transparenter haut auf den alten bildern
unter deren gilbenden schichten, wenn
man dran kratzte, sich nichts weiter von

ihm fand als die zu rhythmischen versen
gefuegten buchstaben der spielberichte
papiern warn auch die leicht brennbaren

tage, denen er auf dem platz den letzten
geist, den likoer seiner zeit abzupressen
versuchte, indem er skizzen entwarf auf

dem rasen: kritik der reinen spielvernunft
abgehandelt & matt gesetzt in dreizehn
zuegen, eine menge ueberraschendes

inklusive dem torschusz als glaenzender
pointe einer geschichte, die verblassen
wuerde & sich selbst nicht trauen mag

paul janes

er kam als toter mann zuhause an
mit der straszenbahn war er aus der
altstadt nachhause gefahren, im
uerige hatte er sich ein paar bierchen

gegoennt, alt kam da auf alt &
wuchs ins quadrat wie einst seine
latschen beim anlauf zum freistosz
sie hatten seine leiche still bis zur

haustuer begleitet aus respekt fuer
den alten mann, der knallhart wie
damals, eisenfusz halt, eiskalt & tot
nochmal aufschlosz, hineinging &

selbst die beerdigung in die wege
leitete, zu der ihm die rheinbahn
fuer die er ja bis zuletzt gearbeitet
hatte, mit einem sonderwagen fuhr

ernst willimowski

gegensprechanlage: wer ist dort? das
kann nicht sein. seit jahren intressiert
sich fuer mich kein schwein. kommen
sie doch hoch, ich lasz sie rein. stand

dann in unterwaesche, feinripp, lang
zur begrueszung zwischen den pfosten
der wohnungstuer. zdf-hafenkonzert
lief. seine frau: wolln sie meinen kaffee

kosten? er zog dieweil die alten alben
vor: vier tore hab ich noch fuer polen
geschossen gegen brasilien. trotzdem
war nichts zu holen. leônidas, schonmal

gehoert, den namen? seine frau: ernst
zieh dir was an. der schenkte ebenfalls
allein unserm torwart, wer war das noch
vier ein. da machste das spiel deines

lebens & einer ist nochn tick besser. &
spaeter kennt dich keiner mehr. ja
natuerlich, ist lang her, aber nicht mal
gerd mueller hat meine quote. heute

haett ich die auch nicht mehr. im krieg
hat sich vieles verboten & vieles von
selbst ergeben. wir koennen, glauben
sie mir, froh sein, dasz wir noch leben

AUFSTELLUNG
1. HALBZEIT
PAUSE
2. HALBZEIT
VERLÄNGERUNG

AUFSTELLUNG

1. HALBZEIT

PAUSE

2. HALBZEIT

VERLÄNGERUNG

der torhueter

direkt aus ner kafka-erzaehlung hatten sie
ihn verpflichtet, so einen typen, der sich
garnicht erst bueckt, wenn da was auf ihn
zugerollt kommt, schrulliger huene, der sich

an den pfosten lehnte wie ein pistolenheld in
nem pathetischen western die dinge bereits
am tresen klarmacht: alles reine formsache
ein mann mit richtigem augenmasz. voellig

bewegungslos, einem traumlosen schlaefer
gleich, liesz er, die presse, die ja stets was
zu maekeln findet, kreidete ihm das spaeter
als uebertriebenes understatement an, all die

harmlosen schuesse an pfosten & latte prallen
damit sie wieder ins spielfeld sprangen, damit
wenigstens was los war, inmitten dieser torlosen
betruebnis der zaehen wochenendnachmittage

ersatztorwart

vage erinnerte er sich an die jahre, in denen
er, beide beine mit gewichten beschwert, von
den teppichstangen der nachbarschaft hing
stundenlang, bis sich seine arme so stark

ausgeleiert anfuehlten, dasz er zufrieden
nachhause laufen konnte. fuenf zentimeter
attestierten ihm diverse blaetter, habe dies
fruehe training seine fangarme verlaengert

von denen er mindestens zehn paar besasz
an die er vor jedem spiel zwei bratpfannen
schraubte, als handersatz – & auf der bank
platznahm. nicht eine minute verbrachte er

zwischen den pfosten, den teppichstangen
seiner jugend so aehnliche gebilde, dasz ihm
die jahre bald zur gaenze verschwammen
& er die baelle holte, woher sie auch kamen

nochn torwart

mit seinen riesenpranken tastete er
unter bedrohlichen klopfgeraeuschen
den sechzehner ab: als torwart muszt
du dir respekt verschaffen, ansonsten

vergisz es, war das erste kapitel seiner
autobiografie ueberschrieben - & auch
das letzte. als deutschlands besten
faustkaempfer nach max schmeling

bezeichneten ihn seine goenner, die
ihm ueber all die jahre immer wieder
brandneue baelle zukommen lieszen
sobald er die alten plattgemacht hatte

kein geringes stuermeraufkommen
hatte er ins krankenhaus verfrachtet
in dem sie ihm nach karriereende eine
gute stelle im aufwachraum anboten

defensivmann

warum er so wenig redete, wurde er
von reportern gefragt. weisz nicht, gab
er zur antwort. damit war alles gesagt

durchschnittsprofi

mit einem uebersteiger, der mut
ueberstieg die mittel, setzte er sich
zum abschied nochmal in szene

befeuerte die fans, die hueben wie
drueben ihre stimme erhoben. es war
doch alles gehupft wie gesprungen

resuemierte er seine karriere, zehn
jahre mittelmasz auf hinten links
zum abschied launig im sportstudio

defensivkraft wie wir sie sehn wolln

aeuszerst geschickt machte er das, mit
kaum fuer moeglich gehaltenem gefuehl
liesz er ihn auflaufen, werkelte, indem er
dem unparteiischen eine unmoegliche
perspektive aufzwang, filigran unterm
trikot des delinquenten, den er seitdem
breit grinsend am nasenring ueber den
rasen fuehrte zur allgemeinen ergoetzung
unterbrochen nur von der obligatorischen
wuerstchenwerbung, bei der er ebenfalls
mitmischte, als haetten sie ihm die rolle
auf den leib geschrieben: als begabter
vorstopper mit dickem schalk im nacken

harter job als verteidiger

ich geh noch mal eben zum holzmachen raus
sagte er samstags seiner frau, die kannte das
schon. zur sportschau sei er wieder zurueck

versicherte er, sie sagte: viel glueck. ich musz
mir das trikot vom neuner holn, dachte er leis
der ist wendig & schnell, das wird heut nicht

leicht. zur not schael ichs ihm irgendwie vom
leib. der junge braucht dringend was anzuziehn
so geht das nicht weiter, das haus ist beliehn

& stopper bleibt man nicht ewig. was wirft ne
lottoannahme schon ab. zwar kennt mich jede
sau in der stadt, doch verdien ich kaum mehr

als so'n literat. das ist doch kein leben. damit
packt er die axt & das zweitbein ein. schoen
muffig gelaunt. perfekt fuer den job. so faellt

er die stuermer im akkord. ruppig ist dafuer
noch gar kein wort. er bricht in schweisz aus
er wichst sie um. sie kommen von allen seiten

es bleibt keine zeit fuer empfindlichkeiten. am
ende hat er den neuner skalpiert & das volk im
stadion skandiert: gott lohnt die ehrliche arbeit

der dribbler

gegen sich selbst verschoben sich die deltas
seiner beine wie auf den punkt gearbeitete
special effects in einem verwirrenden kinofilm

lieszen sie die dimensionen durch sich hindurch
gleiten, knochen aus gelee ermoeglichten ihm
psychedelische tricks, er sog die pille in die

zwischenraeume seiner capoeira-schritte
wirbel flockten sein wadenhaar zu wallenden
nesseln, seeanemonen, in denen sich der ball

verfing, schutzsuchend wie ein wusliger rifffisch
& bot noch ein paar uebersteiger, das gehoerte
mit zur show, bevor er die flanke, nachdem er

sich doppelseitig in die kruemmung des raums
beugte, eine letzte finte, die seinen gegenspieler
fuer immer wahnsinnig machte, hinters tor trat

spielmacher

in den untiefen des raumes kreuzend
webte er sein netz aus tempowechseln
das uns an schlechten tagen zur

weiszglut brachte, an guten um den
verstand. dabei setzte er nur um
was er bis dato von relativitaetstheorie

verstand: ueberhaupt im gekruemmten
raum sich zu bewegen hob ihn ab
von den uebrigen, die die erde noch

als flaches gruenes spielfeld dachten
von euklidischer geometrie begrenzt
das nur durch stures gerenne erobert

mittels bissigem kampf beherrscht
unter dem man am ende als held mit
allen ehren begraben werden musz

zimperlicher spielmacher

als wir sie zwangen, ihre abwehr zu
entbloeszen, der vierer duschen ging
mit seiner fresse ausm horrorfilm, als

wir mit zweieins fuehrten, dachte ich
die floete schaltet jetzt mal schnell den
turbo ein. doch der versteckt sich nur

in unsern eignen reihen & schiebt den
ball nicht weiter als drei meter bis zum
nebenmann. die pfeife, echt die pumpe

dabei schreibt ihr stets, dasz keiner wie
die suse auf dem feld was reiszen kann
ja, schaut ihn euch mal was genauer an

diesen beutel, was hat der uns dies
jahr schon wirklich eingebracht? dem
seine schwalben machen lang noch

keinen sommer & seit madrid nicht
mehr in spanien liegt, wiszt ihr doch
selbst, worueber deutschland lacht

der mystische hoberg

er hatte drei nationen im blut. plus ein
paar indianerstammzellen. so taumelte
er jedesmal uebers feld, als ob er zu
keiner mannschaft gehoerte. als steckte

hinter den auslinien fremde & zwischen
ihnen nur seltsame welt. er scorte, wie
es heute heiszt. damals bohrte ihn, was
keiner mehr weisz, vor jedem torschusz

ein panischer schmerz. die schlaefen
zogen ihn rasenwaerts, die eigenen
schlaefen schafften ihm nacht & wenn
er mal wieder aus ohnmacht erwacht

vom riechsalz der nebenleute (das fiele
unter doping heute) den ganzen laden
jubeln sah, dann fuehlte er sich seiner
x-fachen herkunft fast zum heulen nah

der boss

der boss zuendete sich seine zigarren
gern mal mit nem zerknitterten fuffi an
trank ein paar liter schales revier-pils &
erzaehlte, wie er damals deutschlands

seele mit einem einzigen schusz ausm
hinterhalt gereinigt hatte: ich war ja schon
so dicht, ich wuszte doch selbst nich mehr
woher die baelle geflogen kamen, aber

mit den torpfosten hatte ich n heimlichen
deal ueber positionsanzeigen. so oder so
aehnlich sprach der boss, wenn es nacht
wurde in essen & das wurde es tag fuer tag

waehrend einer seiner zahlreichen neffen
hinter braunen tischen versteckt den reden
& zigarrenkringeln zusah & beschlosz, im
leben alles, nur nicht fuszballer zu werden

genialer spielmacher

schon bevor der ball ueberhaupt ankam, wuszte
er stets drei spielzuege im voraus, inklusive aller
katalogisierten gegenmasznahmen & berechnete

die infinitesimalkurven moeglicher steilpaesse
millimetergenau, bis es klingelte im cingulum
der ball vorfuhr & den roten teppich betrat, den

ihm die wassertraeger in seiner gegenwart stets
ausrollten. aus lauter faenomenalen kraftlinien
bestand das feld, federskizzen alter meister

aehnelnd, ahnungen einer weltfysiognomie, als
er den raum dichtmachte, die schatten aller
moeglichkeiten mit einer klappe schlug, einfing

& fuer den allesentscheidenden moment wieder
verwarf, bis die gegner sich in luft aufloesten
aus angst vor der anstehenden selbsterkenntnis

nochn spielmacher

in jungen jahren entdeckte er raeume
die elektrizitaet des felds, jene grauen
kaesten, in denen spannung umverteilt
& somit leben ertraeglich gestaltet wird

wie viele knaben seines alters begann er
sich fuer prozesse zu interessieren, die
die leute vom hocker rissen, magie mit
formlosen dingen, er lernte wie man

einen ball so aufpumpt, dasz dieser sich
seltene wege sucht, las buecher ueber
taktik & hoerte nur noch sinfonien, die
den groszen spielen der vergangenheit

nachempfunden waren. mit diesem
wissen trumpfte er auf, doch fehlte ihm
der abschlusz in der hauptdisziplin. tja
& werd mal was hier ohne abschlusz...

der recke

jochbeinbruch. die schulter ausgekugelt
zwei drei mal. vier wochen spaeter mit
gesprengter kapsel im op. rueckenwirbel

schraeg verschoben. die schleimbeutel
entzuendet an der ferse wie im knie. die
schnitte an der leiste. zerrungen zuhauf

muskelbuendelrisz im rechten schenkel
ja war pech. innenbandan- & meniskus-
einrisz, beides hinternander in seinem

weichen linken knie. dann die geschichte
mit der syndesmose, der tritt in'n hintern:
klar sasz er da lange auf der bank. drei

schneidezaehne kamen schon zusammen
das eine auge blieb, das andre ging. die
knochenhautentzuendung & dann tschau

weil er'n guter junge war mit anstand &
mumm haengt sein portrait in oel im club-
haus. & er sieht fast wie jesus drauf aus

wunderstuermer um 1935

der mann war frappant. der trat mit wucht
aus schwarzweiszen welten ins kampfbahn-
gruen. wenn die blumen am feld den sahn

fingen sie vorsorglich an zu verbluehn. beim
training wollt keiner den gegen sich haben &
von den uebrigen fragte sich niemand: was

hat der eigentlich vor? bevor sie vielleicht
soweit denken konnten, lag der arme ball
laengst wie'n totgedroschner karpfen im tor

der torjaeger

kein mensch wuszte wo er herkam, chamaeleon
des strafraums, den abwehrspielern des gegners
mimetisch bis ins kleinste detail angepaszt. mit

seinen klammerfueszen, der langen farblosen
zunge, dem greifschwanz fischte er, weit entfernt
von ahnungslosen innenverteidigern selbst die

hirnrissigsten flanken in seinem wirkbereich. nur
die reporter mit ihren ueberlegenen optischen
geraeten sahen dieser kryptischen arbeit zu, alle

uebrigen wunderten sich von zeit zu zeit ueber
den neuen spielstand, der in leuchtziffern auf
der stadionanzeige hinter seinem namen blinkte

da bomba

da bombapapa
da bomba papa gaeu
da bomba papa gaeu da schueszt
a torli dada papa da bomba da
bomba da kummta da boomba
da booooomba da schueszt daa
a tooorli da guude aeude bomba
da schueszt a toorli noocham
aundern da bomba kumm bomba
schuesz noch aans aan toorli nooch
schuesz aans fuea uuns du guuder
guuder bomba du
du bombapapa

sturmtank

gefahr! gefahr! schrie er, als sie das seil
loesten, um ihn auf den platz zu lassen
zwei koepfe ueberragte er seine gegner
um drei seine mannschaftskameraden

ein klassischer sturmtank. sah aus wie
ruebezahl auf speed. aus dem strumpf
ueberm schaedel funkelten dunkle blitze
das adrenalin hart auf anschlag gepegelt

die suppende kopfwunde, farblich lachs
ist er einfach reingegangen. die zuckten
die gegner & spielten schnell ab. er zeigte
die spitzen zaehne. den bizeps. & wie

man mit den knochen knackt. hat dann
unter fiesem grinsen sein uebliches tor
gemacht. hat leider nicht ganz gereicht
zum titel. aber was haben wir gelacht

altstar

als der noch halb so viele kalligorien
auf die farge brachte, als ihm seine
burgent noch staatlich anzusehen war
& die bestchen nach ihm ziehen, so
angesagt war dieser stumpf einmal...

aber heute wo alles auffaellt lassen
sich mit dem keine kartoffeln mehr
zuechten, also das wars mit ihm, der
wird nun erstmal untergejaetet, auf
die kalte halde gesperrt, wer weisz...

ob wir den nicht vielleicht nochmal
brauchen koennen, passieren hin &
wieder die schraegsten sachen, ich
frag mich, ob der nicht noch, weiszte
was, mach den auf gefrierstufe drei...

vaeterlicher trainer

seine verteidiger suchte er sich auf den
landstraszen rund um muggensturm, denn
wie einer faehrt so geht er auch zum kopf-
ball, filosofierte er waehrend die dorfjugend

durch die daemmerung bretterte & mit den
jahren hatte er eine fantastische abwehr
beisammen: die ueberlebenden der land-
straszen, von kargem humor getrieben &

immer noch zu allem bereit sah man sie
im vierfachschatten der flutlichtanlagen
mit den schnellsten beinen der liga schein-
fechten. erst spaeter, in der disco, kriegten

sie dann endlich selber mal richtig was ab
das koennen die verknusen, sagte er, wenn
sie morgen nur puenktlich um acht auf der
matte stehen, verlier ich darueber kein wort

spielverstaendnis

dasz die mittelfeldspieler nicht richtig
denken koennen, dachte, obwohl er
niemals haette denken duerfen, in so
einer situation, der stuermer & blieb

stehen, als der oeffnende pasz in den
raum drang & schlieszlich auf seine
provokative art die seitenauslinie
ueberquerte wie ein ausreisewilliger

am schlagbaum eines landes voller
miszverstaendnisse. zurueckgewiesen
& von aufgebrachten gaffern mit den
ueblichen schimpfkanonaden bedacht

setzten sich ball & stuermer innerhalb
der bekannten limits erneut in bewegung
es wuerde etwas zu hoeren geben, in
der halbzeit, das war jetzt schon mal klar

dabei entsprach das babylonische spiel
den wirren linien des trainers auf der
kreidetafel: dermaszen geistreich, dasz
garantiert nichts bei rumkommen kann

dachte der stuermer, was er niemals
haette tun duerfen, in so einer situation
& der coach wuerde ihm schon helfen
das spiel auf der bank zuende zu denken

zweikampf

es lief so'n stand by-spiel. ne szene davon
schlich immer wieder uebern schirm: zwei
in verschiedenen farben hoben zeitgleich
verzoegert das bein wie bei ner tai chi-
uebung schwamm der ball zwischen den
luecken die ihre koerper dem raum als
oeffnungen boten. verschwand halb im
raum der ball war in vollem umfang nicht
mehr zu sehen als einer von ihnen sein
lid hob das tausende zuschauer gegen
die schwere des moments emporstemmten
verharkte sich der andre indem er sich
ueber den ball woelbte dem einen der
nun vollkommen begriff, abgelichtet von
den zoegerlich anlangenden blitzen der
kameras, dasz hier nichts zu gewinnen
sei, waehrend der ball sprang, viel zu
langsam, als dasz er getroffen werden
koennte, rammten sich beide die faeuste
ins gesicht mit einer ausholenden geste
von knapp einer halben stunde dauer

so ein tag

vor dem spiel gab es viel geschwafel
der coach bemalte die schiefertafel mit
kurven & linien, die niemand verstand

entschlossen traten sie aufs feld, alle
mann, wie mans heute wieder macht
hand in hand, & warfen ihr koennen

ins gewicht, doch trafen sie einfach
die bude nicht, egal ob lang gefackelt
oder schlichtweg blind abgedrueckt

das war mal wieder einer dieser tage
so schoen, er moechte nie vergehen
hiesz es beim gegner auf nachfrage

strafraum

auf malachit-rasen, schmachvoll im traum ertappt
beinharte kranklhanswaden. doch unsre coolsten
verticken in aschekalten schulhofwinkeln frisches

erbgut aus der rummenigge-spermathek. treten
die sonnen ausm himmel, nageln weitschuesse
ans kreuz, erpressen den praesidenten wegen

dessen leidenschaft fuer haematome. schuldige
stehn in der abwehr rum, gesenkten haupts. mit
trotzigen blicken & guter hoffnung auf das ewige

unentschieden. im schicken trikot kalfaktert das
abstiegsgespenst auf den teuren hartschalen
diese schmalbruenstigen amateure. immergleiche

kommentare beschwichtigen das wesentliche
millionen im spiel zwischen anmaszung, fairness
& gaensehaut: so bleibt endlich jedem das seine

verlierer

zb der mannschaftskapitaen: den ham wir
haeufiger in der kneipe als beim training
schwitzen gesehen. der laeufer im letzten

spiel wie er laeuft & laeuft & laeuft & laeuft
& den ball dabei voellig vergiszt. der harte
paul, wie er einst hiesz, auf links wie eine

ueberreife pflaume ohne kern. der smarte
oktan aus dem nahen osten grub sich nen
tunnel zwischen den pfosten. ueberhaupt

die oktanzahlen, mann. wenn einer was tat
dann eskortierte er den gegner charmant
vor unser tor. als haett er erst nach dem

spiel entscheidendes mit dem vor. & der
trainer stand wie'n kriegsfilm-offizier an
der linie mit nem antiquierten funkgeraet

in das er schrie: paszt auf, sie kommen
von allen seiten! da war die verbindung
schon lang unterbrochen. als es vorbei

war kamen sie wie mistkaefer vom feld
gekrochen. & unterschrieben anderswo
quittungen auf aehnlich stolzem niveau

weiterer fehlschusz in der 80. minute

& als ich aufs tor lief, dachte ich noch
wo liegt jetzt das wohl & das wehe
vergessen der trainer & sein wort vom
schusz, der besser hirnlos geschaehe

doch was man vergiszt, dasz weisz man
& was man nicht weisz, tut nicht weh
ich waehlte zwischen den ecken
alles fuer den fc. ich waehlte zwischen

links oben, rechts unten, links flach &
rechts hoch. der torwart stand in der mitte
wie so ein schwarzes loch. irgendwann
schosz ich dann einfach & wartete auf

die zeit, die zwischen abschlusz & einschlag
im netz halt nunmal so bleibt. ich hoerte
die pfiffe, den jubel. mir wurde schwarz
vor glueck. alles schimpfte, ich schwankte

an meinen platz zurueck. der trainer fluchte
ich hoerte von irgendwo ein lied. es klang
als ob der nachtwind um einsame ecken
zieht. dann lief ich wieder die auslinie lang

der elfmeter

mit taubstummen fingern legte er sich den ball
einen von der sorte, die noch wild auf baeumen
wachsen & das fast vergessene qualitaetssiegel
sturmreif tragen, auf dem elfmeterpunkt zurecht

als ihm ein gedanke kam, er den ball erneut in
die hoehe nahm, um ihm einen kusz zu geben
der nach acht glaesern wacholder vom vorabend
roch. weit entfernt schrumpfte langsam das tor

in dem er, glasigen sinnes, einen fiesen kasper
ausmachte, so ein gummitier, perfide erfindung
der spielzeugindustrie, der dort dehnuebungen
absolvierte & mit allen sechs armen, ueber deren

enden ueberdimensionierte handschuhe stuelpten
die spinnweben von latte & pfosten entfernte –
es gab nur einen einzigen kanal, mit einer winzigen
oeffnung, durch den sein schusz wuerde passieren

koennen. ein gewundener tunnel, gleich seiner
eigenen gedankenbahn, an dessen ende ein prall
gefuellter zwiebelsack hing, den er um eine weitere
frucht bereichern wuerde. er lief an zur legende

stolperte, schlug nieder, rappelte sich auf, knickte
erneut ein, zwinkerte sogar mit einem auge, sein
x-bein, das linke, machte sich selbstaendig, turnte
sich zuegig auf die schuszbeinposition, waehrend

sein standbein noch nachhakte, der ball flog so
wie der torwart flog, sie flogen, beide flogen sie
man sagt, sie floegen noch heute, waere nicht in
jenem moment das erdbeben ausgebrochen, das

soviele opfer kostete, eine ehrliche naturkatastrofe
weit groeszer als von menschen verursachte fouls
& strafstoesze, der platz hob & senkte sich & war
danach, jeder weisz das, nie wieder richtig bespielbar

scheiszspiel

gib mich die kirsche! bruellte er den
fernseher an, auf dessen flaeche sie
eines der uebelsten unentschieden aller
zeiten hinlegten: trostlos, torlos, ohne

die geringste idee & ohne die kraft des
weiszbiers in den knochen, die ihn
befluegelte, lauthals den ball zu
fordern von den daumengroszen stars

auf dem flachbildschirm, der beinahe
das format des schankraumfensters zur
strasze besasz, an dem die profis nach
spielschlusz unbemerkt voruebertrotteten

exakt wie an allen kneipen des landes
waehrend drinnen, maszlos enttaeuscht
die fans noch lange die flimmerkisten
mit bierschaum & unflat bedachten

vorortclublandschaft

geboren in einem fuszballmatch
gegner: eintracht braunschweig

der erste kick im kindergarten: im
matsch mit gelben gummistiefeln

vater: der mich frueh mitnimmt
ins stadion vergeblicher traeume

knapp vorbei an der kreisauswahl
abhaengen an der aral-tankstelle

das beste laeuft ausschlieszlich im
tv halb auszenrum um die werbung

auf den straszen klingt manchmal
noch das klappern leerer coladosen

ende: der strafraum als zenit. im
himmel wolln sie die tore erweitern

relegation

einer zielscheibe gleich war das feld markiert
die linien nachgezogen mit knochenmehl. den
platzwart muszten sie erst dazu zwingen. mit

handschellen an den kalkwagen fixiert trimmte
er, unterm sperrfeuer fabrikneuer selbstschusz-
anlagen, den grund & reinigte jeden einzelnen

grashalm vom blut. ganz freundlich waren sie
gewesen & als er sich hartnaeckig weigerte:
wir bringen dir ein souvenir von deiner frau

mitten im anstoszkreis gefror, vom kardinal
geweiht, der ball zum absoluten nullpunkt
die blicke der zuschauer mengten sich zu

starren pampen geloeschten lichts. rauch
hier war schon lange garnichts mehr in sicht
kein glueck, keine trauer, auch keine hoffnung

kein gegner hatte den ort mehr besucht seit
die regierung das rund mit wunden staffierte
selbst die tauben schissen seither woanders

so standen sie ewigkeiten auf dem verwaisten
feld. mit ihren rebellischen haaren & koteletten
die balltreterelite des landes, der anpfiff laengst

verklungen in den katakomben. ihm hinterher
huschten schatten uebers duestere gruen &
ueber der kuppel klaffte der rachen der welt

die vor ratlosigkeit innehielt. da schnappt sich
el chino den ball, treibt ihn durchs geistergelasz
& drischt ihn in leere maschen, wieder & wieder

einsnull fuer chile, raet die anzeigetafel, eine
halbe luege, nachtraeglich zum sieg verfestigt
von den funktionaeren. & der stadionsprecher

bricht in kollektiven jubel aus. el chino soll einen
orden & auch der platzwart erhaelt ein geschenk
das hat eine ratte aus ihrer moese gebissen

bruederpaar

er kam kurz nach seinem zwillingsbruder
zur welt in einer zeit, in der die muetter die
zukunft ihrer kinder noch treffend voraus

sagten: als foetus im mutterleib hat er ja
bereits gekickt auf eine art, die zu groszen
hoffnungen anlasz gab! &, natuerlich, lang

bevor er den kreiszsaal verliesz hatten sie
ihn beim club angemeldet als kommenden
star. sein bruder hatte mehr hirn geerbt &

trainierte ihn bereits auf engstem raum in
der fruchtblase. talent allein reicht nicht
schaerfte er ihm ein: wichtig ist das ziel

vor augen & gute gesunde ernaehrung:
schweinefleisch macht dich stark. nichts
als schweinefleisch & kartoffeln. kaum

sechzehn stand er zum ersten mal mit
den profis auf dem feld. tankte sich durch
schlug deftige breschen. die diaet hatte

wunderbar angeschlagen. & als ihm sein
bruder vom seitenrand zurief: es ist nun
soweit! kapierte er sofort was sache war

schnappte sich die kartoffel, marschierte
los ueber den halben acker, hielt drauf
& versenkte die traeume der menschheit

brasilianer

seht, pelé spurtet vor dem ball
ueber den gekalkten rasen von maracana
& hebt in einer alten s/w-aufnahme
erstmals die raumgesetze auf
sechs seiner gegenspieler vermiszt!

der kleine garrincha, mit dem x-
& dem o-bein eines seltenen vogels
trinkt an der seitenauslinie palmwein
dessen macumba ihn befaehigt wirr
durch jubelnde alptraeume zu dribbeln

mit dem wallenden haarschnitt
eines frischgeborenen engels
schieszt zico einen freistosz, der
in serpentinen auf das tor zieht
wo er gegen machtlose pfosten knallt

aus den selvatischen hinterhoefen
der favelas schnellt, nur von derben
fouls unterbrochen, der athletische
ronaldo direkt in einen werbespot
seiner potenten ausruesterfirma

ein gutes spiel

ein gutes spiel ist wie ein lied, das dich
zum weinen bringt, hoerte er sie sagen
ein spannender film, ein extensiver fick
mit deiner traumfrau. jaja & fast so gut

wie ne fette line kristallklaren pulvers
dachte er, waehrend menotti im radio
dozierte: vergisz niemals die schicht
aus der du kommst. er nahm die flinte

& zielte auf ein paar paparazzi vor der
hochummauerten villa. selbst zwerge
wie er konnten's zu was bringen. das
machte den fuszball so speziell. im

ganzen land wurden heiligenbildchen
von ihm aufgestellt & warfen prozente
aufs konto, dasz sogar der papst sich
zu schaemen begann. ein gutes spiel

ist unerklaerlich, hoerte er sich sagen
weil manchmal gott uns fuehrt & dann
nur wenige augenblicke spaeter, rollen
wir selbst wieder steine auf den berg

wahnsinnscomeback

rumms-bumms-doppelpack! er is wieder
der alte! lang nich erlebt. wie gut das tut
es rappelte & knallte wie an silvester. er

sagte, sein herz sei jetzt unbeschwert. &
zuendete im dom pro treffer ne votivkerze
an. was moderne chirurgie plus glaube

nicht alles leisten kann. sie hatten ihm
als die alte verbraucht war, ne neue seele
eingepflanzt. ne echte volksseele sogar

ein experiment. die hatten sie mit viel tam-
tam in den problemvierteln aufgetrieben
am anfang wirkte er ziemlich gehemmt &

bald hatten sie ihn abgeschrieben. doch als
auf den raengen nach & nach die leute zu
boden gingen, wuszte der trainer, er muszte

ihn bringen. mit ihm kehrte der mut zurueck
er spuerte sein blut & machte zwei stueck
& die, deren seele er in sich trug, weinten

das publikum

das publikum verschmolz zu einem wesen
reptil, halb mensch, ein fieses schlangentier
pulszuckend um den ganzen platz gewunden

ein tier, das aechzte, kraechzte, stoehnte &
verhoehnte. das keuchte, schnaufte, bruellte
wie'n abgestochner stier im rohen mondschein

verzueckt bejahte es sein so-sein. zigtausend
augen brachen & starrten ins nichts. visagen
schwammen schwaermen gleich im flutlicht

zappelten wie motten auf dem boden. spiegel
ihres inneren orgiastisch stolz erhoben & im
getuemmel risz es erste jaeh von ihren sitzen

sie schwebten, fluegge geister in der luft. la ola
walzte. aus den koepfen spruehte regen. blut
das ueberquoll mit schwerem eisenduft. man

schwoll ins dunkle volle. in die schwebe. in fast
schon evangelische balance. von heiligkeit war
schnell am rand die rede. sie warn zigtausend

keiner war allein. den enthusiasmus holten sie
sich aus der leber & spritzten ihn den spielern
unten ein. sie sangen ihre lieder. schrecklich

schoen gemeinsam: dieser geile tag bleibt ewig
unerreicht! das kommt nie wieder, das gibts nur
einmal. auszer naechstes wochenend vielleicht

kurze autobiografie des balls

ich hoppelte uebern acker wien hase, tanzte
was auffer linie rum, unentschlossen bis zur
ekstase, tropfte ins aus & lief schnell davon

ich hatte die beste kondition, hundsgemeine
vitalitaet. im stammbaum trug ich stolz die
schweinsblase neben nem fruehen flehgebet

am klang hiesz es, solltet ihr mich erkennen
am aufprall auf fusz, seele oder kopf. getupft
gelupft, gestrichen, gehaemmert: ich kam

meist anders als erhofft. ich kam geflattert
kam gekullert, gedropkickt, geschoben oder
gemuellert. springfreudig kam ich & rutschte

ins loch. die eigne freiheit hielt ich stets hoch:
„ein ball sie knechten, sie alle zu schinden
am besten ihr leckt mich & gerne von hinten"

spielfeldbesichtigung. gijon

& hier erkennen sie an den narben im
gras noch die stellen, an denen sich die
abwehrreihen damals vergruben, weit
vor den eigenen toren, damit das ergebnis
nicht in gefahr geraten konnte. was jedoch
unnoetig war, denn die stuermer hatten
laengst ihre waffen niedergelegt. in der
bandenwerbung gab es einige einschlaege
von gummigeschossen, die wollten sich
ja gegenseitig nichts, wie hinterher, das
ist historisch verbuergt, festzustellen war
die bajonettspitzen haben die veranstalter
nachtraeglich in den rasen gepflanzt, damit
das alles nicht so peinlich wirkt. um dem
geplaenkel post mortem sozusagen etwas
mehr schaerfe zu verleihen. hier diese
ausgetretnen stellen zeugen noch vom
minimalen radius, in dem das match
vonstatten ging. in vollmondnaechten
heiszts, kann man die spieler heut noch
manchmal um den mittelkreis herum
laut & inbruenstig schnarchen hoern

suedkorea – deutschland 3:1

busan. 19. dezember 2004

alles biszchen eckig in der anfangsfase: dann aber
heben die blutjungen maedchen im stadion bei jedem
angriff ab: untern ellbogen eingehakt huepfen sie
sowas von unasiatisch quer durch die sitzreihen &
kreischen: die jungs vom armeeclub markiern voll
einen auf popstar: straight-edge & keiner kleiner als
einsachtzig schenken sie den deutschen drei kisten
ein, paar uebermaeszige haerten & etwas klein-klein
das nennt sich verzinst erstattete entwicklungshilfe
doch bleibt alles im rahmen von yin & yang, der lehre
von harmonie & dissonanz im menschlichen sein:
stunden spaeter dealen sie die partie als raubkopie
fuer playstation im bunt sortierten straszenhandel

das todesspiel

was aussah wie wolken waren graue
engel die ueber dem stadion harrten
die sieger in empfang zu nehmen als
deren fuesze & seelen sich sperrten

die logik des spiels zu untergraben &
den offiziellen gesuchen, vom schiri
mit seiner ss-binde nochmal deutlich
kraechzend auf russisch interpretiert

der flakelf unserer guten wehrmacht
doch dieses oder jenes tor zu goennen
mindestens jedoch eines mehr als sich
selbst. es wurde ein brutales spiel, die

glut des roten sterns dort oben glomm
malad, doch fuer alle gut erkennbar
unter den durchscheinenden anzuegen
der grauen engel ueberm stadionrund

die warme luft strich um blessuren: die
von heute, die von morgen. & um die
worte auf den graebern der spieler die
sie der geschichte zum frasz vorwarfen

ziemlich mittelmaeszige mannschaft

sie kamen aus der provinz & spielten ein system
gleich verschachtelten konjunktivsaetzen: als
waere der ball, falls die zehn ihn auf den neuen

gegeben haette, der weiterflanken sollte, nicht ins
aus gerutscht. so rotierten sie ohne platzgewinn
durch eine ganze lange saison, kassierten hin &

wieder ein ding & machten auch mal selbst einen
rein. das hielt sich ziemlich die waage & heut wird
nicht mal mehr in den was-macht-eigentlich...?-

rubriken diskutiert, ob dieses team mehr gewesen
sein koennte als das laeppische aufbaeumen einer
ganzen region, das glimpflich im zeitstrom versackte

sv froemmersbach 1948

fuer meinen vater

wir konnten doch sein kopf kaum sehn, wie
der rudi an der schuelerecke stand, den ball
so schwer wie'n kuerbis, reinzuflanken. das

lag am platz, der fuenf prozent gefaelle oder
mehr besasz & sich wie ne kaum erwachte
katze struppig-faul ins oberbergische hinbog

da war der krieg nicht lange her. & unser pimpf
hat ploetzlich einen lederball. wir trugen damals
hoechstens ein paar treter, die stammten meist

noch aus der vorkriegszeit. der mattes muszte
sich erst gras in vaters alte latschen stopfen
dann ging es gegens nachbardorf. wenn wir

kein schiri hatten gab es regelmaeszig kloppe
der platz war wie gesagt ganz schief, das war
uns aber alles schnuppe. die muszte raus die

energie, die wir jungens hatten. wir spielten auf
tore aus selbst gezimmerten latten. & im platz
vergraben lagen blindgaenger & handgranaten

vfl osnabrueck

um mehr frauen ins verwaiste stadion
zu locken, verpaszte er seinen jungs
hautenge shirts in lila & pink, sowie
hodenbetonende shorts. dimmte sie

somit modisch auf diffusen humor
& die truppe tanzte, derart gekleidet
ein zwei jaehrchen zirkus durch die
zweite liga, hart am rand der eleganz

gekleidet waren auch die frauen die
ersehnten frauen auf den raengen
denen angesichts der darbietungen
ihre pfannen & kochtoepfe einfielen

dynamo kiew

es klarte auf im osten & dann war mit
einem schlag sturmwarnung angesagt
dynamo, der name war programm: sie

produzierten strom auf dem feld nach
exakt festgelegten fuenfjahresplaenen
& fuemmunsiebzig gings an die ernte

oleg blochin hatten sie dermaszen ans
laufen gebracht, den stoppte niemand
mehr, von dem sahn sie nur noch den

blonden scheitel als flitzenden irrwisch
die auszenlinie fegen. & hinten standen
sie dicht. gerd mueller legte schriftlich

beschwerde dagegen ein. die presse
nannte sie das rote orchester – oder
roboter. & sie spielen noch heute auf

jedem ukrainischen dorffest, um, allein
kraft kollektiver erinnerung, den feiern
die elektrische versorgung zu sichern

ballade von der kreisliga b

hartplatzscharaden. die maenner bolzen
sich einen ueblen stiefel zusammen. null
zu null-bockwurst, abgebissen, bis pils
geruch die adduktoren spannt: maenner

ihr wiszt, nur noch eine halbzeit! wenn
das mal nicht wie immer ausgeht: gelbe
scheine fuer die blessuren & sauer
krautdampf aus den duschaufsaetzen

denn der zeugwart bleibt deutsch, gibt
die strasze frei zur sportschau, ueberall
ausgespuckte kaugummis in der stadt
an denen noch kommentare kleben:

hintermann, horst, schick ihn weit, der
verhungert uns sonst auf links auszen!
die spurensucher attestieren ein wirres
spiel, der ball scheint vom himmel herab

& um siebzehn uhr sind alle besoffen
ein stueck lebensqualitaet, nacherzaehlt
im lokalsport-teil der tageszeitung: gab
reichlich auffe fresse, aber alle leben noch

AUFSTELLUNG
1. HALBZEIT
PAUSE
2. HALBZEIT
VERLÄNGERUNG

Ahn, Jung-hwan – südkoreanischer Fußballer. Köpfte das Siegtor Südkoreas gegen Italien bei der WM 2002, woraufhin sein Klubpräsident, Ahn spielte seinerzeit für AC Perugia, erklärte: „Ich werde nicht das Gehalt eines Spielers zahlen, der den italienischen Fußball ruiniert hat."

Ailton – rundlicher brasilianischer Fußballer.

Basler, Mario – deutscher Fußballer mit Hang zu widersprüchlichen Aktionen.

Best, George (1946–2005) – nordirischer Fußballer. Simply the best, once. Now best off.

Blochin, Oleg – ukrainischer Fußballer, Trainer und Politiker.

Breitner, Paul – deutscher Fußballer und Universalgelehrter.

Cantona, Eric – französischer Fußballer und Schauspieler. Als letzterer entdeckt aufgrund einer spontanen Kung Fu-Einlage am Rande eines Fußballspiels.

Carlos, Roberto – brasilianischer Fußballer mit viel Feind und Ehr.

Dittus, Uwe – deutscher Fußballer. Seine Spur verlor sich in Aschaffenburg.

Effenberg, Stefan – deutscher Fußballer. Bekannt für seine Menschenliebe.

Escobar, Andrés (1967–1994) – kolumbianischer Fußballer. Wegen eines Eigentors bei der WM 1994 in den USA kurz nach der Heimreise vor einer Bar in Medellín erschossen.

Fahrian, Wolfgang – deutscher Fußballer und Spielervermittler

Fashanu, Justin (1961–1998) – britischer Fußballer. Bekannte als erster und bisher einziger aktiver Profi seine Homosexualität. Fashanus Karriere und Leben scheiterten offenbar unter dem ständigen Druck, den sein Outing nach sich zog.

Flanke, Manni! – berühmtes Zusammenspiel der deutschen Fußballer Horst Hrubesch und Manfred Kaltz in den frühen 80er Jahren. Günter Netzer hat gesagt: „Hinterher hätte ich mir auf die Schulter klopfen können: daß ich seinerzeit (...) die Vision gehabt hätte von einem Manni Kaltz, der Horst Hrubesch den Ball vor den Kopf schießt, immer wieder (...), bis der Ball von diesem Kopf aus den Weg ins Tor findet. Aber diese Vision hatte ich nicht."

Garrincha (1933–1983) – brasilianischer Fußballer. Wechselte vom Komödiantenfach zur Tragödie.

Harforth, Michael – badischer Fußballer.

Herberger, Sepp (1897–1977) – deutscher Trainer und Aphoristiker

Higuita, René – kolumbianischer Fußballer der auffälligeren Sorte.

Hoberg, der mystische (eigentlich: Juan Hoberg) – uruguayischer Fußballer. Daß er nach seinen Toren in Ohnmacht fiel, heißt es. Der Grund dafür wie auch weitere Informationen liegen im Dunkeln.

Janes, Paul (1912–1987) – Mit 71 Länderspielen ehemals deutscher Rekordnationalspieler. Das Uerige ist als Hausbrauerei eine Düsseldorfer Institution.

Jaschin, Lew (1929–1990) – russischer Fußballer. Gilt als bester Torhüter aller Zeiten.

Klinsmann, Jürgen – deutscher Fußballer und Teamchef. Weltschwabe.

Klopp, Jürgen – deutscher Trainer. Besitzt Ähnlichkeit mit Kermit, dem Frosch.

Klose, Miroslav – deutscher Fußballer.

Krafft, Manfred – deutscher Trainer mit lokal begrenztem Ruhm.

Krankl, Hans – österreichischer Fußballer und Trainer. Als ersterer hauptverantwortlich für die Schmach von Cordoba.

Kuranyi, Kevin – deutscher Fußballer. Bekannt für seine Barttracht.

Lampard, Frank – englischer Fußballer aus Familientradition.

La Volpe, Ricardo – argentinischer Trainer. Lebt in Mexiko. Trägt einen imposanteren Bart als Kevin Kuranyi.

Leônidas (1913–2004) – brasilianischer Fußballer. Traf auch barfuß.

Libuda, Reinhard (1943–1996) – deutscher Fußballer. Stan gerufen wegen seiner Beherrschung eines Tricks (rechts antäuschen, links vorbeigehen), für den zuvor Stan Matthews berühmt war. Er beherrschte den Trick offenbar sehr gut: Als Christen seinerzeit die Botschaft plakatierten: „An Gott kommt keiner vorbei“, setzte eine unbekannte Hand hinzu: „Ausgenommen Libuda.“

Lienen, Ewald – deutscher Fußballer und Trainer. Als letzterer wegen seiner Mitschriften des Spielverlaufs auf Zetteln auffällig geworden.

Lippens, Willi – niederländischer Fußballer, wegen seines Laufstils Ente gerufen.

Lucio – brasilianischer Fußballer. Geht gelegentlich mit dem Ball durch.

Maier, Sepp – deutscher Fußballer und Humorist.

Makaay, Roy – niederländischer Fußballer mit Zug zum Tor.

Maradona, Diego – außerirdischer Fußballer mit argentinischem Paß.

Matthäus, Lothar – deutscher Fußballer, Trainer und Plauderer. Weltmeister vor dem Herrn.

Menotti, César – argentinischer Trainer.

Milla, Roger – kamerunischer Fußballer. Schoß Westafrika auf die Landkarte des Fußballs.

Mintal, Marek – slowakischer Fußballer. Steht meist frei. Häufiger mal Torschützenkönig.

Müller, Gerd – kleiner dicker deutscher Fußballer.

Netzer, Günter – deutscher Fußballer und auch wieder nicht.

Pelé – brasilianischer Fußballer.

Relegation – handelt vom entscheidenden Rückspiel zur WM 1974 zwischen Chile und der UdSSR. Weil das Nationalstadion von Santiago de Chile bis wenige Tage vor der Begegnung noch als Konzentrationslager der Pinochet-Regierung diente, weigerte sich die sowjetische Mannschaft dort anzutreten. Eine FIFA-Delegation hatte zuvor das Stadion als Spielstätte freigegeben. Die chilenische Mannschaft erschien, der Gegner blieb fern. Die FIFA wertete den Spielausfall als Sieg für Chile, das sich dadurch für die WM in Deutschland qualifizierte.

Ronaldinho – brasilianischer Fußballer der beliebten Sorte.

Ronaldo – brasilianischer Fußballer. Bezwang Oliver Kahn, wurde bezwungen von Yves Eigenrauch.

Rummenigge, Karl-Heinz – deutscher Fußballer mit sexy Knien.

Sammer, Matthias – deutscher Fußballer und Trainer. Bekannt für seine Genauigkeit.

Schuster, Bernd – deutscher Fußballer und Trainer mit eigenem Kopf.

Sheva – Kurzform für Andrij Schewtschenko, ukrainischer Fußballer.

Sindelar, Matthias (1903–1939) – österreichischer Fußballer. Zentrale Figur des sogenannten Wunderteams. „Er war ein Kind aus Favoriten / und hieß Matthias Sindelar. / Er stand auf grünem Plan inmitten, / weil er ein Mittelstürmer war. (...)" schrieb bereits Friedrich Torberg.

Tilkowski, Hans – deutscher Fußballer. Kassierte im WM-Finale 1966 das umstrittene „Wembley-Tor". Wir können's bis heute kaum fassen.

Todesspiel – bezeichnet der Volksmund ein Spiel zwischen der Kiewer Mannschaft FC Start und einer Flak-Auswahl der deutschen Wehrmacht im Sommer 1942. Der Kiewer Mannschaft wurde von den Besatzern nahegelegt, das Spiel zu verlieren. Die ukrainischen Spieler weigerten sich und gewannen 5:3. Vier Spieler dieser Mannschaft wurden später in Gefängnissen und Lagern ermordet. Ein unmittelbarer Zusammenhang zwischen diesen Morden und dem Spiel wird häufig behauptet, ist jedoch nicht nachgewiesen. In der Ukraine gelten die Spieler des FC Start bis heute als Helden. Vor dem Kiewer Zentralstadion stehen Statuen von drei der ermordeten Spieler.

Willimowski, Ernst (1916–1997) – 25 Länderspiele für Polen, danach 8 Länderspiele (13 Tore) für Deutschland. Bei der WM 1938 gelangen ihm, wie auch kurz zuvor im selben Spiel dem Brasilianer Leonidas, vier Tore in einem Match: Polen verlor mit 5:6 nach Verlängerung.

Wilmots, Marc – belgischer Fußballer, bekannt als „Willi, das Kampfschwein".

Wuttke, Wolfram – deutscher Fußballer. Hat es nie so ganz geschafft.

Zico – brasilianischer Fußballer und Trainer.

Zidane, Zinedine – französischer Fußballer. Autor der Schrift: „Enthobene Gespräche meiner Füße mit dem Ball über Ästhetik und Effizienz".

Bisher erschienen im Koall Verlag

2005
Und wenn ich sonst nichts von Belang mehr täte
Gedichte aus Lyrikmail 01–100
ISBN 3-938436-00-X, 144 S., 9,90 €

Wenn ich dich liebe, was geht es dich an?
Gedichte aus Lyrikmail 101–200
ISBN 3-938436-01-8, 144 S., 9,90 €

2006
Erste Schlehenblüte
Gedichte aus Lyrikmail 201–300
ISBN 3-938436-02-6, ca. 160 S. 9,90 €

Besuchen Sie uns auch im Internet:
www.koall-verlag.de